Der Zauber

Für Christina, Leo, Mathilda und meine Eltern.

Gunnar Berndt

Der Zauber

Gedichte und Monotypien

FSC
www.fsc.org
MIX
Papier aus verantwortungsvollen Quellen
Paper from responsible sources
FSC® C105338

Bibliografische Informatio utschen Nationalbibliothek
Die Deutsche Nationalbibli zeichnet diese Publikation
in der Deutschen Nationalbibliografie; detaillierte bibliografische
Daten sind im Internet über http://dnb.d-nb.de abrufbar.

Impressum

1. Auflage 04.2024

Herstellung und Verlag:
BoD – Books on Demand, Norderstedt

ISBN-13: 9783759706881

A fragile thing –
27.11.12

Vorfrühling

Ich blicke still auf das Magnolienblütengrab;
mit den feuchten Augen der einsamen Stunde,
die an der Schönheit dieser Welt zerbrechen.

Schmetterlinge tanzen im kalten Morgenlicht
über noch frostige, frische Gräser
und über kleinen klaren Bächen.

Die Vögel singen sich die Kehlen wund.
Die Amseln,
die Spatzen,
auch der kleine König, der versteckt im Efeu thront.

Das Leben erwacht,
streift ab des Winters Kleid in dieser frühen Stund‘,
erhebt sich dann in aller Pracht,
mit dieser zauberhaften Macht,
die allem Anfang innewohnt.

Und Schauer,
wohlige Schauer durchströmen mir den Sinn
und beinah‘, ja um ein Haar nur,
kann ich erahnen, wer ich bin.

Es ist ein Traum nur,
ein Flüstern;
zu zerbrechlich, um zu bestehen.
Es ist eine Magnolienblüte,
erweckt zum allerersten Strahlen,
zum Verzaubern,
zum Vergehen.

An Trakl.
Ach, Georg.
Es dunkelt allenthalben.
Wo wären wir nur
wenn wir nicht gerade jetzt
unsere Seele in die Welt bluteten.
Um zu heilen.
Um zu säen –
um zu vergehen.
15.12.23

An Trakl

Ach, Georg.
Es dunkelt wieder allenthalben.
Wer wären wir nur,
wenn wir nicht gerade jetzt unsere Seele in die Welt
bluteten.
Um zu heilen.
Um zu säen -
Um zu vergehen.

The cold light of day.
13-8-24

Saat sein

Tag und Nacht. Immer im Wechsel.
Schalter an. Aus.
Im Hintergrund knistern sich klammheimlich
Mücken und Motten durch den Insektenvernichter
in ein nächstes Leben hinein;
ganz ohne die Not, sich verpuppen zu müssen.

Der Spiegel lügt!
Das bin ich nicht!
Ich will am liebsten in meine alten Fotos
zurückkriechen,
will mein altes, junges Fleisch
einmal noch überstreifen;
will die Tennissocken bis hoch zu den Knien ziehen
und in dunklen Stunden
von viel zu alten Mädchen träumen.

Ich will mich in rotem Wein baden,
solange, bis die Farbe meiner Wangen wieder rosig
wirkt;
will ein Olivenbaum sein,
irgendwo in der Toskana.
Ich will meine Träume rückwärts träumen,

sodass ich mich beim Aufstehen nicht an sie erinnern muss.

Ich wäre so gern die Saat
und nicht die überreife Frucht.
Ich will glücklich sein! Will sein!

Ich will mir das ewige Leuchten der Sterne,
das Strahlen des vollen Mondes,
immer wieder mit meinem Kinderstaunen,
zusammengerollt in Deinen Armen betrachten.
Will endlich schwach sein;
und schlafen will ich!
Schlafen!

Wenn das Licht am klarsten scheint
und roter Mohn dem Feld entsteigt,
wenn Nebelgeister morgens gehen
und sich die Menschen heimlich küssen,
dann sehne ich ein gutes Herz und dieses infantile
nichts-vermissen-müssen still herbei.
Ganz herzzerrissen.
9.3.24

Vom Altern

Fremde Gesichter,
die mir auf alten Wegen begegnen.
Ähnliche Worte,
flüchtig verhallt.
Ähnliche Kleider,
das Fleisch umfließend;
dieselben unausgesprochenen Träume
unerhört; unerfüllt.
Gesichter verschmelzen mit Bildern
aus der Erinnerung zu neuen Wirklichkeiten.
Einzig mein Staunen
war nicht mehr das eines unschuldigen Kindes.

Heute morgen war ich Dir nah

Und es ist immer so,
als wäre etwas von mir abgebrochen.
Als fehlte mir ein Stückchen Seele,
als fehlte mir ein Stückchen Fleisch und Blut und Knochen.

Jetzt, da ich älter bin
und die Zeit mir durch die Hände weht,
spüre ich es mehr und mehr;
den Schmerz, der leise, dauernd nagt, wenn man halb nur durch dieses Leben geht.

Ich fände Dich gern lachend an der See,
fände Dich gern badend, im klaren Wasser,
fände Dich gern albernd, tobend durch den weißen Sand,
tobend durch den Sand, der weiß ist wie Schnee.

Ich liebte es,
wenn wir noch ein Glas Wein zusammen tränken,
abends am Feuer.
Wir sprächen über Früher und über Deine Pläne
Und darüber,
was wir Mutter dieses Jahr zu Weihnachten schenkten.
Dann drückte ich Dich an mich,

einen Augenblick nur zu lang
und mir würde warm,
doch ließe ich Dich gerne gehen
und freute mich heimlich wie ein Kind
auf unser nächstes Wiedersehen.
Und ich schaute Dir nach,
wie Du in die Nacht verwehst
und lauschte dabei der Sterne Klang.
Und ich lächelte still.
Ich lächelte still.

Es ist nur ein Traum.
Ein Bild, das keines ist.
Es ist das Sonnenlicht,
dass der Novembertag vermisst.
Es ist die Träne,
von der Du nicht weißt,
warum sie plötzlich fließt.
Mehr ist es nicht.

Arch Angel
5.3.24

All mein Glück

Ein Eis am Hafen essen.
Aufwachen ohne Wecker.
Am Wasser spazieren bei Sturm.
Am Wasser spazieren bei Sonnenschein.
Versteinerte Seeigel suchen.
Versteinerte Seeigel finden.
Wissen, Ihr seid zu Hause.
Wissen, Ihr geht Euren Weg.
Die Kaninchen im Garten beobachten.
Lavendel.
Kirschblüte.
Hummeln.
Dem Kaminfeuer lauschen.
Du, schlafend auf dem Sofa.
Ich, schlafend im Sessel.
Das frühe Grün in den Bäumen.
Ich. Du. Ihr. Wir.

Nur mit dir –
5-3-23

Verflog‘ne Tage

Milder Morgen.
Müde, wie stets, dennoch leicht.
Die Schmetterlinge teilen sich friedlich die Birnen
mit den Wespen und den Hornissen
und ich kann einen Augenblick lang dem Müßiggang nachhängen
und meinen Blick verlieren.
Es ist angenehm warm und sonderbar still in meinem Garten,
geradeso als sei alles beschützt von einer unsichtbaren Hand.
Ich danke still und genieße weiter.

Don't talk of love, the shadows pass.
7.11.23

Morgenstund

Und langsam kriecht die Morgensonne
an den Betonfassaden der Stadt empor
dir das Gesicht zu wärmen;
zumindest eine Weile lang.
Lass die Augen geschlossen,
male dir die Stadt mit deinem Gehör,
mit deinen Gedanken.
Bleib noch etwas bei dir selbst,
dann vergiss all das Dunkel und flieg davon.

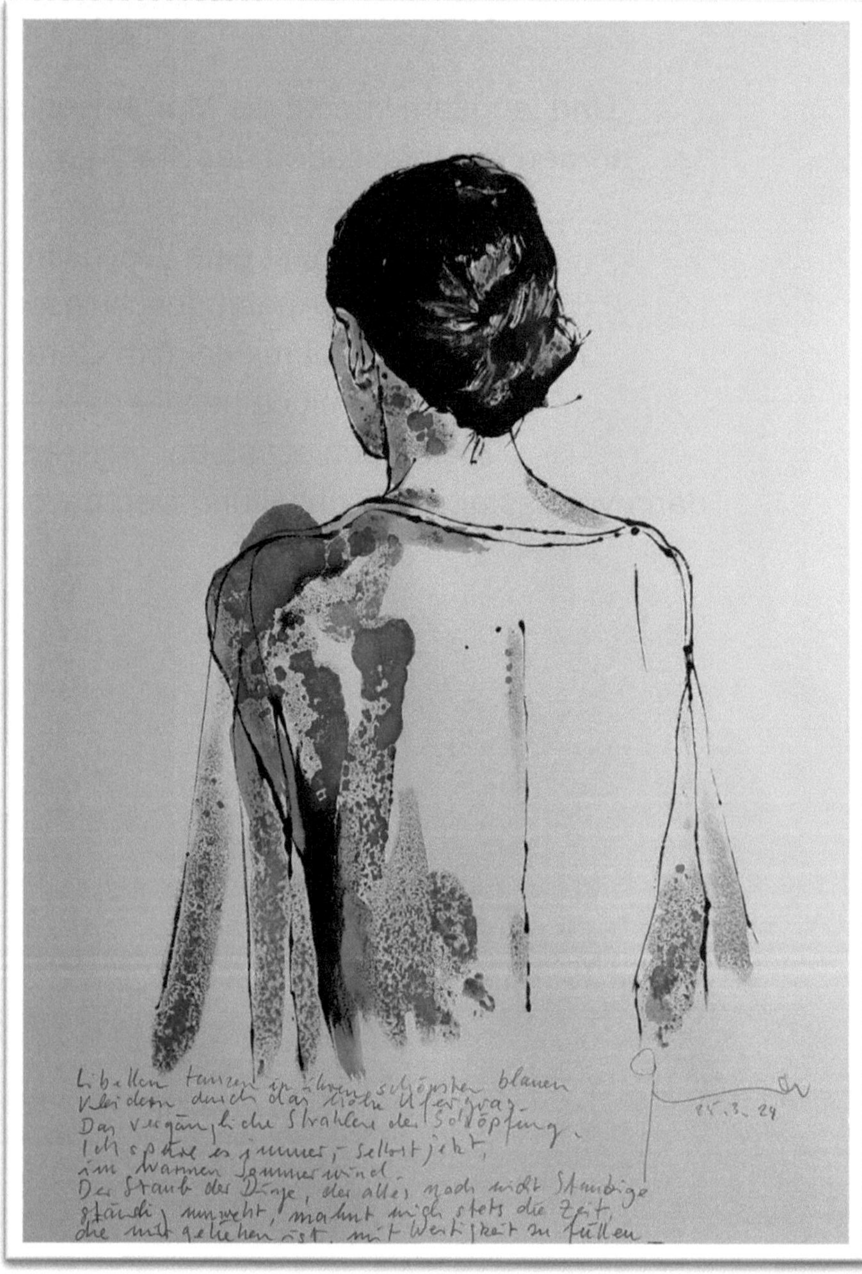
Libellen tanzen in ihren schönsten blauen
Kleidern durch das hohe Ufergras.
Das vergängliche Strahlen der Schöpfung.
Ich spüre es immer, – selbst jetzt,
im warmen Sommerwind.
Der Staub der Dinge, der alles noch nicht Staubige
ständig umweht, mahnt mich stets die Zeit,
die mir geliehen ist, mit Wertigkeit zu füllen –
25.3.24

Eine Sekunde

Für eine Sekunde ins warme Licht getaucht.
Mich für eine Sekunde in meinen Gedanken an dich verloren.
Eine Sekunde zu lang gezögert.
Eine Sekunde zu lang gebraucht.
Für eine Sekunde die Götter beschworen.
Eine Sekunde lang innig geliebt.
Alles verloren, dennoch gewonnen;
für eine Sekunde der Ewigkeit entronnen.
Den Kopf aus Dunkel der Nacht erhoben, mich aufgebäumt
und geatmet,
geatmet
und geträumt;
für immer mit diesem Sein verwoben.

Under the milkyway tonight.
12.3.24

Die See

Das Salz frisst tiefe Löcher in meine Haut,
durch die das Watt,
wie beim Akt der Geschlechter,
tief in mich dringt;
tief und tiefer in meinen Abgrund schaut.

Ich bin die See!
Bin Wurm und Alge
und Sturm und Riff;
bin längst nicht mehr nur dieses Bündel Fleisch,
dass bloß um ein Fitzelchen des Glückes ringt.
Bin nicht mehr sterbend,
wie ein Sommerabend.
Ich bin Urgewalt und Diesel
und alter Seemannsgeister Kahn.

Das Meer ruft meinen Namen,
mich zu befreien, von Zeit und Raum,
mich zu tragen, hoch oben auf tosendem Schaum
über der kalten Stille seiner unergründlichen Tiefe;
mir dort die große Freiheit zu schenken.

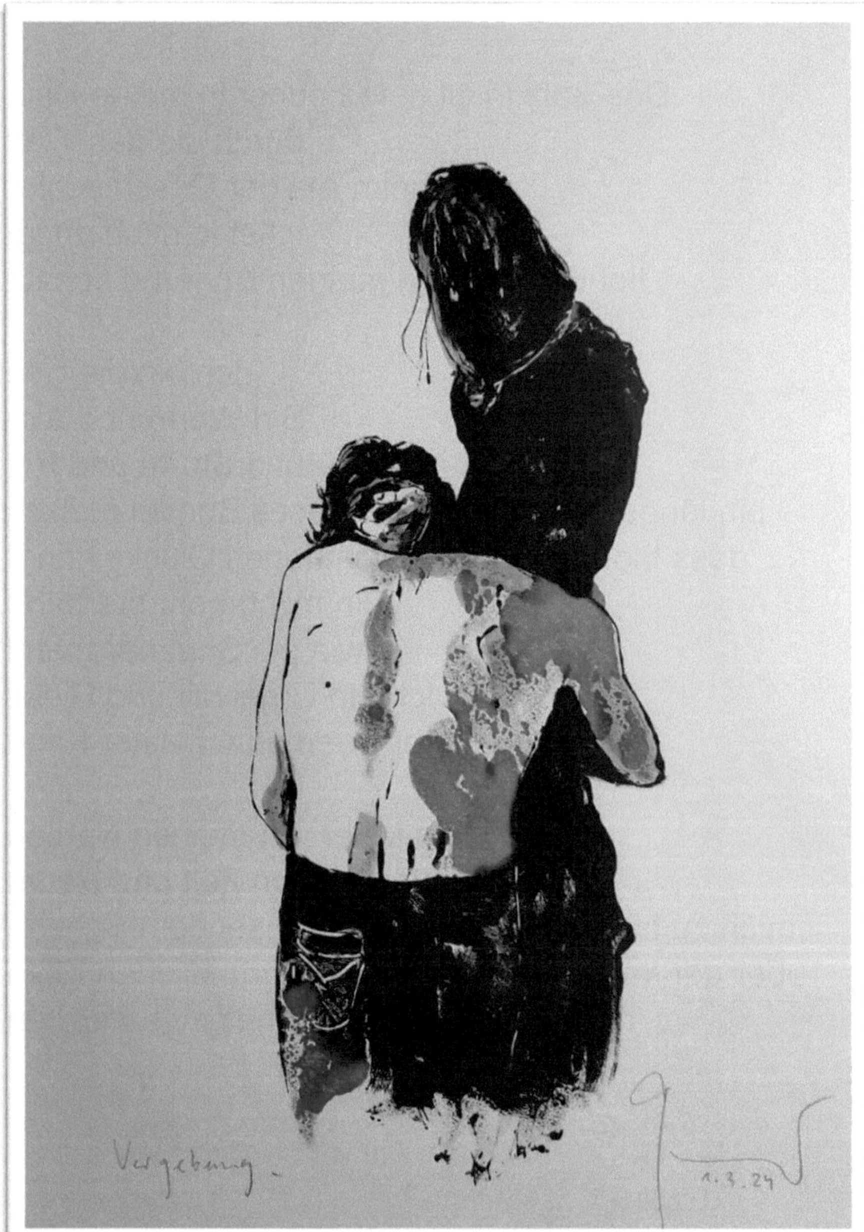
Vergebung.
1.3.24

Am Abend

Und ich tauche ein in eine Zeit,
die nicht mehr ist.
Bin Betrachter, Betrachtender.
Verliere mich in dem Wunsch,
durch den Fluss der Zeit an diesen Ort zu treiben.
Beinahe wie ein Kind,
das durch die urgewaltigen Ströme seiner Fantasie
schwimmt,
nur um immer dort zu bleiben
aber niemals ankommen zu müssen.

„Du hast dich in der Lüge deines Lebens verloren.
Vielleicht warst du nie mehr als ein Gerücht –
ein paar gute Zeilen,
in die Seite geritzt wie frische Narben.
Ein Schmetterling, gefangen im Einmachglas
eines Kindes.“
10.9.23

Die Entrückte

Du wehst durch meine Gedanken.
Wehst aus mir heraus.
Verlierst dich in meinem wässrigen Blick an den Ort,
den niemand fassen kann.
Bleibst für immer dort,
damit ich dich wiederfinden kann.

15. 1. 23

Winternacht

Lautlos fällt der Schnee zum Boden nieder.
Lässt mich staunen und verstummen;
macht mich mild, beinahe wieder
sorglos wie ich war als Kind
beim Betrachten wie die Flocken fallen,
federleicht im kalten Wind;
die Decke in der die Welt sich bettet;
der Frieden der die Menschheit rettet.

Dies ist auch die Zeit der Geister,
wenn Stille durch die Feldmark dröhnt,
wenn Kinder spielen auf vereister
Seen und Bäche glatter Haut.

Jetzt wird nur ein einziger König noch gekrönt,
welcher ganz aus Schnee erbaut,
bloß Freudenglanz im Blick entfacht.

So steh‘ ich hier und danke für
den Zauber dieser Winternacht.

By the pricking of my thumbs,
Something wicked this way comes -
4.11.73

Mädchen

Das Schöne betrachtend,
wissend, dass es verweht.
Den Zeitenstrom verachtend,
fluchend,
dass alles vergeht.
Noch etwas verweilen;
im Sommerwind sich wiegen.
Das Gedachte teilen,
trunken, versunken,
noch einmal mit Dir im hohen Grase liegen.
Den wilden Schmetterlingen im Flug
voll Inbrunst abermals zugewunken,
das innerste Dunkel so zu besiegen.

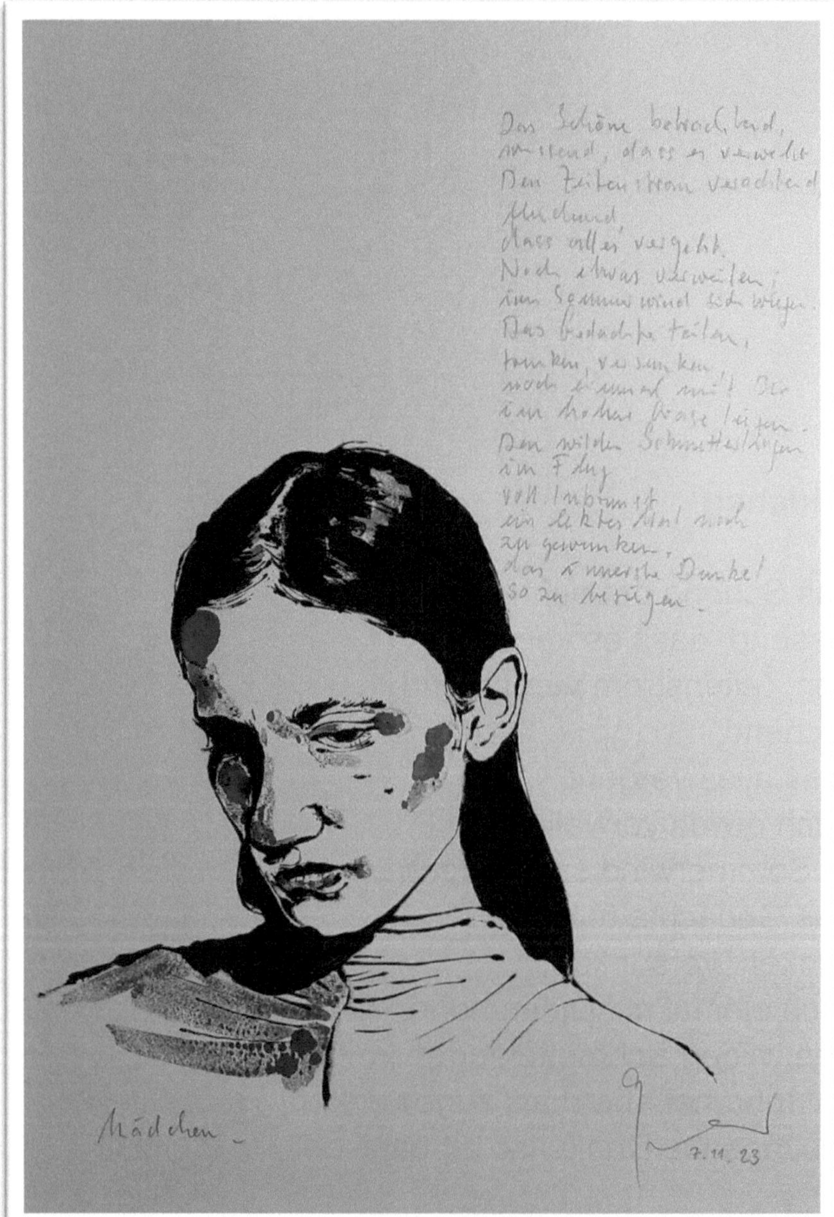
Das Schöne betrachtend,
wissend, dass es verwelkt
Den Zeitenstrom verachtend
fluchend,
dass alles vergeht.
Noch etwas verweilen,
im Sommerwind sich wiegen.
Das Gedachte teilen,
trunken, versunken,
noch einmal mit Dir
im hohen Grase liegen.
Den wilden Schmetterlingen
im Flug
voll Inbrunst
ein letztes Mal noch
zugewunken,
das innerste Dunkel
so zu betrügen.
Mädchen
7.11.23

Die Stärke

Heute lasse ich mich fallen.
Gestehe mir mein Schwachsein zu.
Schier endlos,
beinahe schwerelos scheine ich zu sein.
Alle Furcht schwindet nach einer Weile;
alle Gedanken, aller Schmerz.
Nur dieses sonderbare Fallen umfasst mich,
beinahe wie ein warmer Mantel.

Was mich wieder erdet,
sind die vertrauten Stimmen und Gesten;
deine Küsse und das Lachen der Kinder.
Dann ist es ein sanftes Landen,
kein Aufschlag wie so viele Male zuvor.

Solitude
8.2.24

Spätsommerlied

Wie ein stiller Gast
schleicht sich der Sommer aus der Welt.
Und bald schon legt sich schwer zur Rast,
was eben noch pulsierte;
voll von Leben, voll von Kraft;
sich nun ganz dem Schlaf ergeben,
der mit den Blättern nieder fällt.

Dann flieh‘ ich schweigend in die Weiten,
die sich im Horizont verlieren;
in Himmelsblei und Meeresgrau verschwimmen,
mir im Innersten das Licht zu dimmen,
um im kalten Sturmwind dann,
fern und ferner fortzugleiten.

Doch noch reifen Früchte am Apfelbaum.
Noch wärmt mich die weiße Flamme des Helian;
noch wehen die Libellen über die Gräben;
noch schenken die Tage tiefe Lust am Leben;
noch scheinen die Dinge, als seien sie wahr,
als wäre all dies für immer da;
als wäre nicht alles bloß ein Schatten,
nicht einfach nur ein schöner Traum.

Blackbird

Libellen

Mein Blick schweift wie verträumt umher.
Ein schöner, ein friedvoller Ort.
Ich sitze auf dem Bootssteg;
meine Zehen dippen sacht in die wohlige Kühle des
Sees.
Die Felder dort hinten,
auf den leichten Hügeln,
sehen aus wie goldblonde Stoppelfrisuren.
Ich betrachte mir meinen Körper,
mein Gesicht,
auf der Wasseroberfläche;
blicke dabei auf ein leicht verschwommenes Selbst,
das mir dennoch all die Züge
all der mir Vorangegangenen zeigt.

Libellen tanzen in ihren schönsten blauen Kleidern
durch das hohe Ufergras.
Das vergängliche Strahlen der Schöpfung.
Ich spüre es immer; selbst jetzt,
im warmen Sommerwind.
Der Staub der Dinge,
der alles noch nicht Staubige ständig umweht,
mahnt mich stets die Zeit, die mir geliehen ist,
mit Wertigkeit zu füllen;
mit dieser sonderbaren Klarheit,
die sonst nur dem Wasser innewohnt,

mit der Not,
mich selbst nicht zu vergeuden
und mit der Gewissheit,
dass der Augenblick nur dem gehört,
der ihn auch spüren kann.

Und so tanze ich meinen kleinen, blauen Tanz der Gedanken,
über dem kristallenen Grund unter
und dem höchsten aller nur denkbaren Himmel
über mir.

Lemnos.
Am Abend kehrt die Sonne wieder,
die ruft noch schnell die Raben heim
und verliert sich dann,
zusammen mit den
Schiffsplanken unter meinen Füßen
allmählich in der endlosen Weite des Horizonts.
16. 11. 25

Melancholie

Verloren in den Bildern,
die Du gar nicht wirklich siehst,
wandelst Du durch Deine Welt.
Kühlst Dir die Stirn am Fensterglas,
doch sind die alten Scheiben längst zerbrochen
und der Wind weht Dir durch Dein Gesicht.

Am hohen Himmel dämmert es schon,
die Nacht erwacht
und malt Dir alle Deine Träume blau.

Dann senkt sich der Schlaf
wie eine Decke auf Dich nieder
und hüllt Dich ein;
bringt Dich für ein paar Stunden heim.

Am Morgen

Winterwanderer

Finster stehen die Wolken auf der See,
legen sich grimmig
auf das letzte Rot am schwindenden Horizont,
bersten fast vor Schnee.

Der Blick des bleichen Wanderers verweht
wie Gischt im kalten Winterwind,
mischt sich mit der Dunkelheit,
wird alptraumhaftes Labyrinth.

Stimmlos haucht die schroffe Nacht
Narben in die Herzen derer,
die noch hören, die noch fühlen.
Und Schatten steigen aus den Tiefen,
recken sich empor zur Wacht,
mit Knochenfingern, ganz aus Schaum,
trachten sie danach,
den Wanderer zu holen,
sich tief in ihn hineinzuwühlen,
um ihn dann hinabzuziehen
in ihren lichterlosen Traum.

Selbst der Schnee fällt schwarz wie Raben,
breitet sich wie Wachs auf heißem Grund,
legt sich wie ein Film hernieder,
auf die blasse Haut des Knaben,

versiegelt ihm ganz fest den Mund.
Und ob der Himmel wüten will,
bleibt alles friedlich;
bleibt es still.

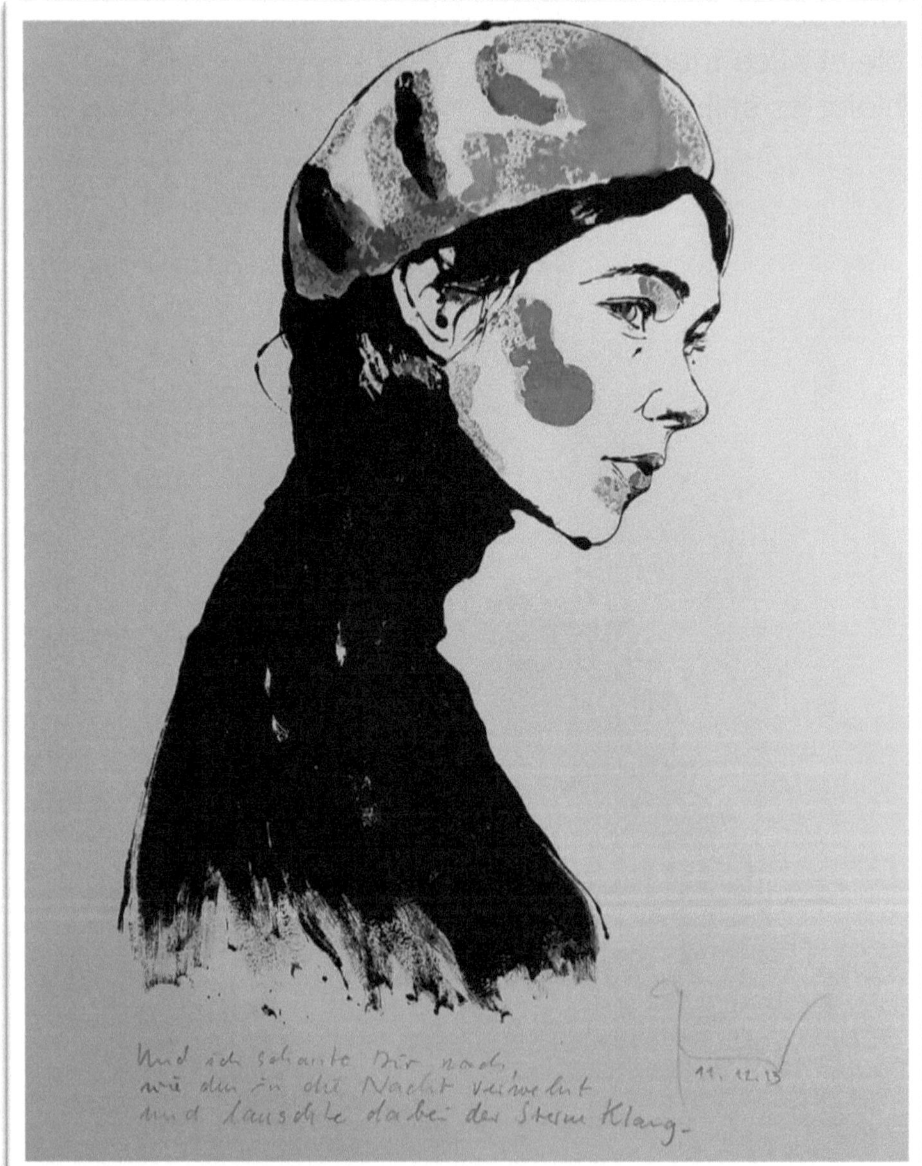
Und ich schaute Dir nach,
wie du in die Nacht verwehtest
und lauschte dabei der Sterne Klang.
11. 12. 13

Der Zauber

Herbstliche Kühle kriecht in mir empor.
Schon säumen schwarze Blätter
das noch sommergrüne Gras.

Mein Auge lechzt nach jedem letzten Sonnenstrahl,
nur um sich zu dessen Genuss zu schließen.

Um die trockenen Lavendelblüten
schweben sterbend die Schmetterlinge
mit ihren hauchzarten Flügeln,
die vom Tau noch nass und schwer,
ihre kleinen Leiber in die Tiefe ziehen.

Das Jahr schwindet
und ich sehne mich so sehr danach,
nur einmal zu verweilen;
nur einmal einen solchen Augenblick in Klarheit zu
erleben.

Und immer schlägt in diesen Stunden
mein Herz leicht aus dem Takt.
Da ist ein Stillsein in den Dingen,
das meine tiefste Seele packt.
Wie kurz erscheint mir dann mein Leben,
wie dringend ist's, dass man am Ende
alles wichtige gesagt;

doch nicht Traurigkeit ist mein Begleiter,
es ist der Schmerz, den wahre Liebe birgt;
es ist der Blick ins Unvorstellbar,
in die unsehbaren Weiten,
den man täglich heimlich wagt.
Es ist der sanfte Griff der Kinder Hände,
dieses leise, tiefe Glück;
der Zauber, der in allem wirkt.

Raum für eigene Gedanken

April 2024

Danke.